NEUE FREUNDE
ALTE FREUNDE

EIN BUCH VON
Stefanie Gellweiler

Impressum

© 2013 Stefanie Gellweiler
Herstellung und Verlag: BoD – Books on Demand, Norderstedt
ISBN 1234567890

Bibliografische Information der Deutschen Nationalbibliothek
Die Deutsche Nationalbibliothek verzeichnet diese Publikation in der Deutschen National-
bibliografie; detaillierte bibliografische Daten sind im Internet über www.dnb.de abrufbar.

Inhalt

Ein Gedicht…	Januar 1986	9
Helfende Hände	Februar 2010	10
Du	Januar 1986	11
Glück ist auch	März 1986	12
Reihenfolge	Oktober 1985	13
A poem to a friend	Oktober 1984	14
Mutter	Juni 1986	15
Geburtstag	August 1985	17
Seifenblasen	September 1986	18
Fotos	Oktober 1986	19
Paradox	Oktober 1986	20
Humor	September 87	21
Der Regenschirm	November 1986	22
Herbst	Dezember 1983	23
Anfrage	März 1989	25
Traum-Männer	November 1986	26
Eine Postkarte	Juli 1986	27
Was ich will	August 1987	28
Nacht.	Januar 2007	29
Vorschlag	März 1987	30
Und dann?	April 1987	31
Plötzlich warst Du da	Januar 2009	32
Reich der Träume	Juni 2009	33
Liebe	August 2011	34
Nur eine Frage der Zeit	Juni 2009	35
Gefühlte Ewigkeit	Mai 2008	36
Hmpf!	Juli 2009	37
Ein Märchen?	Mai 2010	38

Warum jetzt?	August 2010	39
Game over	Dezember 1985	40
1984	Mai 2010	41
Der Grund	Juli 1987	42
Ablenkung tut not!	Juli 2010	43
Eine Frage…	Oktober 2005	44
…und 'ne Fortsetzung	November 2006	45
Rechtfertigung	Januar 2007	46
Ewigkeit	März 2012	47
Orientierungslos I	Juli 2009	48
Orientierungslos II	März 2010	49
Bitte	Februar 2007	50
Reim	Mai 2011	51
An mein Dorf	September 1985	53
Hamburg	Mai 2011	54
Hafencity	Mai 2011	55
München-Trilogie	November 1986	56
Dein neues Zuhause	Juli 1987	57
Verzaubert	Februar 1986	58
Silence	Februar 1986	59
Glasklare Gedanken	Februar 2008	61
Flügge werden	November 1987	62
Selbst	August 2011	63
Geschenkte Worte	Oktober 1986	64
Wortbörse	Oktober 1986	65
Ungeduld	August 2007	66
Blutrot	September 1984	68
Das Meer	Juni 1987	69
Schwarze Gedanken	Juli 1986	71
Ultimo	August 2001	73
Ode an einen Bahnsteig	Juli 2013	74

EIN BUCH VON
Stefanie Gellweiler

Ein Gedicht...

erhellt Dunkelheit
erleichtert Einsamkeit
es läßt Dich träumen
und fliegt mit Dir davon.

Helfende Hände

sprechen
schreiben
gehen

alltägliche Dinge

der Kopf weiß das
und wie es geht
doch
die Muskeln
haben es vergessen

Verzweiflung
Angst und Wut

und dann
fallenlassen

du bist nicht allein

Du

Ein Blatt Papier,
das müde vorbeifliegt.
Regentropfen,
die lustlos fallen.
Menschen, die schlechtgelaunt
vorüberhasten
und dann du!

Wie eine bunte Frühlingsblume –
ein Zaunkönig
unter schnarrenden Raben –
lachst du allen ins Gesicht.
Versuchst,
das Papier zu erhaschen,
fängst die Regentropfen,
und steckst die Leute an
mit deiner guten Laune.

Glück ist auch:

eine Bank,
darüber Sonne

leichter Wind,
der mit deinen Haaren spielt

der erste Schmetterling,
die erste Biene

Glück ist: zufrieden sein!

Ständig wechselnde Reihenfolge

das Beste:
lieben

das Zweitbeste:
sich verlieben

und

das Dritte:
geliebt zu werden

A poem to a friend

Once she told me
she'd like roses,
and I found a pretty one.

It's not a real one
so it won't fade.
It won't lose it's petals
and it won't lose
it's colour.

It will be forever
and ever
as nice as now

for you

Mutter

Ich habe Heimweh
nach den Wiesen
voll von Blumen

Ich habe Heimweh
nach dem Haus
voll von Gemütlichkeit

Und Sehnsucht
nach Dir,
die voller Liebe ist.

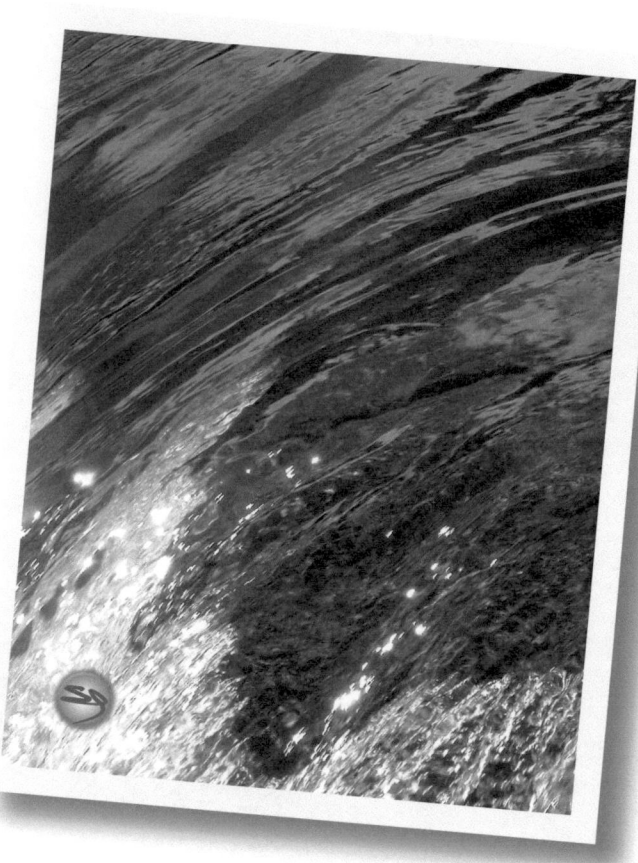

Geburtstag

Jetzt bist Du schon so lange hier,
auf dieser schönen Erden.
Und ich wünsch', liebe Freundin, Dir,
daß es noch viele werden.

Was Dein Leben bringen wird?
Mal Liebe und mal Trauer.
Doch frag mich nicht
wieviel und wann,
wer weiß das schon genauer?

Nur eines weiß ich ganz bestimmt:
Du wirst dem Liebe geben,
der Dich ein Stückchen
mit sich nimmt,
Du wirst Dein Leben leben!

Seifenblasen

Da schweben sie,
die Träume,
mit einer dünnen Haut
aus Seifenschaum
über die Wiese dahin.

Mit ihnen schweben,
alles vergessen,
selbst nur Traum noch sein.

Und irgendwann zerplatzen?!

Fotos

sind (fast) wie Erinnerungen

Zwar präziser in Form und Farben,
doch vergänglicher;
man verlegt sie, man zerreißt sie
oder verliert sie einfach.

Erinnerungen
werden beschönigt,
werden bunter und farbenreicher gemacht

doch
sie sind unauslöschbar.

Paradox

Während ich hier sitze:

draußen
heult der Sturm
prasselt der Regen
ist es dunkel

hier
leuchtet eine Kerze
prasselt das Kaminfeuer
heule ich…

Humor

„Bei dir ist wirklich alles
zu kurz geraten!"
sagte sie – und lächelte mich an.

„Ja, wenn man meinen Humor
außer Acht läßt…",
stimmte ich lachend zu.

Der Regenschirm

Er war kaputt –
der Stab zum Greifen abgebrochen,
die Farben verblichen
und nicht mehr gut gespannt.

So stellte man ihn
zum Sperrmüll und er weinte.

Ein paar Kinder fanden ihn,
als sie im Müll herumstöberten
und nahmen ihn mit.

Wozu ihn gebrauchen?
Keiner wußte es.

Doch er selbst plusterte sich auf
im leichten Wind, immer mehr,
bis er gespannt war.

Flog dem Kind, das ihn hielt
aus der Hand und über den Rasen.

Nichts wie hinterher! So spielten sie
Katz' und Maus und er lachte.

Irgendwann war er allein.
Allein aber glücklich!

Herbst

Im Dunkel der Kälte
fallen sehnsüchtige Blätter
von kahlen Bäumen
in einsame Herzen.

Bäume stehen trostlos und nackt
in den Früchten ihres Sommers.
Der Wind treibt träg' die Wolken.

Gezeichnet wird der Tag
von dunkler Melancholie.

Der Herbst hält Einzug in das Land.

Anfrage

Wenn ein Olaf Kuschelbär
ein and'rer Olaf wär',
wär' er dann ein Schmusebär,
ein Teddybär;
ein Schnuffel-Knuffel-
Lieb-hab-Bär ?!

Ick misse Dich und sehne mir
und hab' Dir janz doll jerne.

Nee, dat is noch wat mehr –
Du, ick gloobe, dat is Liebe!

Traum-Männer

Du siehst nicht aus wie Sascha Hehn,
doch für mich bist du schön.

Deine Augen sind nicht die von Terence Hill,
doch ich kann in ihnen versinken.

Deine Stimme ist nicht wie die
von Elmar Gunsch,
aber ich kann dir stundenlang zuhören.

Du bist kein Bud Spencer
aber für mich bist du stark.

Deine Liebe ist nicht
wie die in Romanen…

Eine Postkarte

„Ich würde dir
ohne Bedenken
meine Mütze schenken!"
(das ist von Janosch)

Meine Mütze? Niemals!

Doch mein Herz
gehört schon lange dir!

Was ich will

Ich möchte
deine Lippen fühlen
auf meinem Mund
und dich küssen.

Ich möchte
deine Hand spüren
auf meiner Hand
und dich streicheln.

Ich möchte
deine Stimme hören
in meiner Seele
und dir sagen:

Ich möchte
dich lieben.

Nacht.

Nackt.
Meine Seele so verletzlich,
mein Körper so hungrig.

Zärtlichkeit
Leidenschaft
Liebe und Lust

Benutz mich
Liebe mich

Vorschlag

Ich kann dich nicht lieben
wie du es dir wünschst.

Aber ich liebe dich
wie ich es kann!

Und dann?

Was, wenn ich dich nicht erkenne?

Wenn du endlich da bist
und ich nicht fühle, daß du es bist?

Wenn ich mir denke „toller Kumpel"
aus Angst dich zu verlieren…

Was, wenn mir dann alles egal ist?

Wenn ich in deinen Armen liege
und nicht weiß, daß Du es bist?

Wenn ich den Kumpel verdränge
aus Angst, dich zu verlieren?

Plötzlich warst Du da

weggewischt die Traurigkeit
stattdessen
unbändige Glückseligkeit

Unglaublich:
Liebe für mich?

Hoffnung lang schon aufgegeben
und jetzt:
Dein Geist, Dein Körper –
ich bin total verzaubert!

Wie sonst könnte ich sagen:
ich liebe Dich

Reich der Träume

So etwas gibt es nicht
für mich.

Realität –
mit beiden Beinen
im Leben stehen.

Und dann:
Die Liebe fürs Leben!

SO ETWAS !

Liebe

meine Hand
ganz fest in Deiner

mein Geist
ganz bei Deinem

meine Seele
ganz tief in Dir

und doch
jeder für sich

Nur eine Frage der Zeit

wir mußten uns kennenlernen
wir sind füreinander bestimmt.

weil wir über dasselbe lachen
gleiche Gedanken zur gleichen Zeit
und trotzdem bleiben wir verschieden

weil es Lieder gibt
die keiner kennt – außer uns
und trotzdem bleiben wir verschieden

weil es die gleichen Sterne sind
die uns schon seit Jahren begleiten
und trotzdem bleiben wir verschieden

weil kein Tag vergeht
ohne daß einer von uns sagt
„was – das magst Du auch?"
und trotzdem sind wir verschieden

wir = du + ich

Gefühlte Ewigkeit

In Deinen Armen
die Welt vergessen
Musik fühlen
Gleiches denken

Endlich
wieder lachen

Hmpf!

„Ich liebe Dich"
das sagt zuwenig aus

„Ich bin glücklich,
dass es Dich gibt"
– zu wenig

Schreien könnt' ich vor Glück
– auch das wär zu wenig

Und umarmen
und küssen und streicheln
– das alles reicht nicht

aus Dank für Dich
tausend Kerzen anzünden
in der Kirche
– auch das wäre zuwenig

wär ich ein Künstler
ein Komponist, ein Maler oder so
jedes Werk wäre nichtsagend
gegen dies' Gefühl in mir

– hmpf –

Ein Märchen?

Ich war die Königin
und du ein fremder Prinz.

Fast hätte ich
deinetwegen
auf die Krone verzichtet.

Ein kurzer Abschied
und du bist
im Gewimmel des Volkes
verschwunden.

Neben mir sitzt heute mein König.
Mir ebenbürtig, gleich.
Ich liebe ihn sehr.

Doch,
allein auf dem Balkon
blicke ich in Menschenmassen
versuche, dich zu sehen.

Warum jetzt?

Nie gekämpft und nie gestritten,
nie geschrien, nie gelitten.

Deswegen jetzt vielleicht.

Nie die Notwendigkeit gesehen,
so sicher gefühlt, geborgen.

Und jetzt die Rechnung.
Weil ich mir nicht die Mühe machte,
hinter alles zu sehen.

Weil ich an den großen Plan
des Universums glaubte.

Unerschütterlich und sicher.

Game over

I saw a game, but
I didn't see the risk,
the risk to loose your love.
Only the value I saw,
the love of another boy.
I could have won
and I did.
So I thought.

I played this game and
I recognized the risk.
But I didn't worry about it:
that moment his love
was worth more
than yours.
So I won in my opinion.

Now the game is over.
I had bad luck!
The price has no value any more
because I see:
His love has no meaning to me.
And in the end of it all

I lost your love.

1984

im Sommer wars...

Damals saß ich im Kino
hab' hemmungslos geknutscht
mit meiner ersten Liebe.

1984,
im Herbst war's...
da wurdest du geboren.

Der Grund

Als ich wegfuhr von dir
fuhr ich nicht
um einfach wegzukommen

sondern weil ich sonst
vielleicht so bald
nicht wiederkommen könnte

Ablenkung tut not!

Ablenken soll ich mich, doch das
ist meist nur „Zeit totschlagen".
Aber es ist doch wichtig,
seine Zeit bewußt zu erleben?
Kommt Zeit kommt Rat!

Gedankenloses Leben leben
um nicht mehr leiden zu müssen.
Aber ist ein Leben ohne Gedanken
denn überhaupt noch ein Leben?
Nach Regen folgt Sonnenschein!

Die hartnäckige Hoffnung umgehen,
indem ich den Geist abschalte.
Aber was ist denn der Mensch
ohne seine Hoffnung?
Die Hoffnung stirbt zuletzt!

Wer weiß, wozu es gut ist...

Eine Frage...

Es war meine Entscheidung
daß wir uns nicht mehr sehen
und daß nix mehr läuft –
doch die Liebe zu Dir
kann ich nicht abstellen.

Du sagst, ich kann Dich verletzen
mit einem unbedachten Wort
doch hab ich Dich je glücklich gemacht
mit dem, was ich Dir sagte?

Sind meine Gedanken aus dem Wunsch geboren
das Wichtigste zu sein für Dich
oder sind sie Wirklichkeit?

Wenn ich nur begreifen könnte,
warum Du so bist
wie Du bist!

...und 'ne Fortsetzung

So sind meine Gedanken
vielleicht nicht nur Wunschtraum
und Hoffen, sondern Realität.

Du weißt,
was ich denke,
fühle.

Und läßt mich allein,
sagst mir nicht,
wie's in DIR aussieht.
Gib uns'rer Liebe eine Chance,
groß zu werden und stark,
wirf das Gefühl nicht weg.

Oder täusch' ich mich
daß da was ist?

Rechtfertigung

...und würde es zehn Jahre meines Lebens kosten
um einen Monat Glück mit Dir zu erleben –
ich würde mit Freude einen frühen Tod erwarten!

Ewigkeit

durch die Liebe zu Dir
lernte ich mich wirklich lieben

und wegen dieser Sicherheit bei Dir
lernte ich, mich auf mich selbst zu verlassen

mit Deinen Augen
sah ich mich von einer neuen Seite

und durch Deinen Körper erfuhr ich
was es heißt; zu leben

dabei scheine ich für Dich
immer blasser geworden zu sein

Du liebst mich nicht mehr

Orientierungslos I

Plötzlich allein im Boot des Lebens.
Ich hatte ein Ziel, die Segel gesetzt.
Doch der Steuermann, dem ich vertraute,
sprang plötzlich über Bord.

Im Wegschwimmen rief er Gründe,
die ich nicht glauben kann.
Hatten wir doch das gleiche Ziel,
die gleichen Pläne.

Sicher, diese Insel dort war verlockend
für Dich, wie so mancher Ort für mich,
ich jedoch hatte immer die Liebe vor Augen
und freute mich auf die Sicherheit des Hafens.

Jetzt sitze ich in meiner Schaluppe
bin hin- und hergerissen, ob ich weiter
das erstrebte Ziel ansteuern soll,
Neues suchen soll, vergessen.

Oder ob ich aufgeben soll.

Orientierungslos II

Wieder allein im Boot des Lebens.
Ich hatte ein Ziel, die Segel gesetzt.
Doch der Steuermann dem ich vertraute,
wollt' nicht mehr länger der meine sein.

Ich dachte, als er fortging,
es wäre das Ende.
Doch die Sterne, die Sonne,
sie weisen mir ein neues Ziel.

Die Insel in mir ist sehr verlockend,
für mich – wie so mancher Ort für Dich –
ich jedoch habe die Liebe vor Augen,
die in meinem Hafen Sicherheit für mich bringt.

Jetzt sitze ich in meinem Boot, meinem Leben,
war hin- und hergerissen, doch ich muß weiter.
Ein neues Ziel – ein anderes ich,
Neues suchen, doch niemals vergessen.

Ich werde nicht aufgeben!

Bitte

Wenn Du mich
in irgendeiner Weise liebst

lass mich gehen

denn
Du zerstörst mich

Reim

Du und ich
sind so oft eins.

Doch zwei Menschen
mit zwei Herzen,
das bedeutet doch
oft Schmerzen.

Du willst was,
was ich nicht will –
nein, ich halte
nicht nur still.

Hoffe einfach
daß wir's schaffen,
daß wir dereinst
drüber lachen.

An mein Dorf

Nun sitz' ich hier,
allein in einer fremden Stadt,
von der ich weiß,
daß ich hier nicht hingehör'...

Ein Gewitter schreckt mich auf,
es regnet.
Wild, ungehemmt und aggressiv
schreit es mir böse zu,
daß ich hier nicht hingehör'.

Die Leute
sind mir keine Hilfe;
in Straßen voll von Fehlern
zeigt mir jeder:
Du gehörst nicht hierher!

Als ich noch dort war
in meinem lieben Dorf,
da wußte ich:
hier gehör' ich her!

Ein Gewitter freute mich,
es zeigte
Freiheit, ungezähmt und stark.
Es blinzelte mir zu
daß ich dort hingehör'.

Doch jetzt – was soll ich tun?
Möchte schlafen, kann doch nicht,
will hier weg und darf es nicht
in mein Dorf
aus einer Stadt
wo ich nicht hingehör'...

Hamburg

Schutthaufen, Abrissbirne,
ein alter Mann,
kopfschüttelnd.
Wechsel, Wandel.
Stetig.
Nichts bleibt, wie es ist.

Hier kam ich an,
Ziegel, Stahl, Beton.
Fremde Kulturen,
andere Gesichter,
unverständliche Sprachen.

Das Anderssein genießen,
Veränderung bewußt erleben
und merken,
daß nichts bleibt
wie es ist.

Akzeptieren: das ist gut so,
und wissen: ich lebe.

Hafencity

Stahl, Steine und Glas
viele Menschen – und das:
„mei is die Mauer fad"
„ja, gell, die Fische dran, schad"
„schau, des sieht aus wie 'ne Werbung für's Klo"
„ja, gell, aber ma schwärmt davon scho'..."
„un teuer isch's hier"
und „windig und kalt"

Mein Gott, dann bleibt doch zu Hause halt!

Geh' weiter auf Planken
und steig' hoch die Stufen
zu leckerem Tee
und köstlichem Kuchen.

Da treff ich sie wieder
die motzenden Massen
mit Kuchen auf Gabeln
und Tee in den Tassen.

Ein „Oh" und ein „Ah"
erfüllt diesen Raum;
der Kuchen, der Tee,
einfach ein Traum!

München-Trilogie

München.
Das sind viele Kirchen,
voll mit Schönheit und mit Glanz,
man kann beten,
man kann denken,
kann Gefühle weiterschenken.

München.
Das sind viele Kneipen,
voll mit vielen netten Menschen,
die da sitzen,
die da trinken,
die mir nett und freundlich winken.

München.
Das sind Sonnenstrahlen,
manchmal auch mit Regentropfen,
die da fallen,
die da schweben,
die ein Glücksgefühl mir geben.

Dein neues Zuhause

Noch ist es kalt,
ungemütlich,
und ein fremder Geruch
zieht durch die Räume.

Doch schon sehr bald
haben unsere Gedanken
einen Platz
in deiner Wohnung gefunden.

Der Geist derer, die dich lieben,
unsere Träume, Gedanken, Wünsche
und unsere gemeinsamen Erinnerungen
machen diese Wohnung
zu deinem ZUHAUSE.

Noch ist diese Wohnung tot.

Doch bald leben wir
durch unsere Gedanken
mit dir zusammen
in diesen Zimmern.

Verzaubert

Menschen, die mich freundlich aufnehmen.
Katzen, die verspielt durch den Garten trollen.
Ein Hund, der sich auf dem Teppich
zufrieden räkelt.

Und Bäume,
die Frieden und Ruhe mir geben.

Mein Zeitgefühl geht verloren,
denn selbst die Sonne,
die sonst nur abweisend
durch die Wolken guckt,
zwinkert mir hier voller Wärme zu.

Auf dieser verzauberten Insel im Wald,
auf der selbst Steine LEBEN.

Silence

The sun hides
behind a cloud
Silence

The wind sleeps
people are going around
friendly faces

Me in a train full of people
I'm alone but I'm glad:
Nobody wants to talk to me

The cloud disappears
the sun shines

*and a leaf
of an oak
is falling down...*

Glasklare Gedanken

Sturzbäche eiskalten Wassers
waschen endlich
die Trübsal fort

Kiesel werden umspült,
vom Naß umarmt, geküßt,
ein leises Lächeln

Majestätisch dieses Bild,
türkis und doch klar,
grenzenlose Freiheit

Flügge werden

im Nest kein Platz mehr
und das nächste nicht frei

so viele Partner und
kein einziger treu

Sehnsucht nach Liebe
Drang nach Freiheit

flatter' hin und flatter' her –
habe keine Ruhe mehr!

Fensterscheiben überall
gegen die ich immer prall'

will hier raus und kann es nicht!!

(Was bin ich doch
ein armer Wicht!)

Selbst

Menschen kommen
Menschen gehen

ein paar werden Freunde
ein paar werden Feinde

dazwischen bleibst du
mit dir selbst

Geschenkte Worte

Snike

durch

Liebe und *Gedanken*

beides

federleicht und *bunt*

durch

Freude und *Freunde*

Wortbörse

embrasser:
Wellen und *Wolken wachsen*
an der *Weite* deiner *Wangen*

Eine *Flocke*: melancholisch
Weisheit... *Wärme*... *Woher?*

Knuddeln mit Dir
warm – wunderschön!

Jubelschrei!

Ungeduld

darf man nicht haben,
wenn man auf einen Schmetterling wartet.

Viel Geduld. Und Hoffnung.
Eine große Portion Glück. Sonnenschein.

Der richtige Moment.
Abwarten, ob der Schmetterling,
der da um einen flattert, sich für DICH entscheidet.
Keine hastigen Bewegungen,
ach Herz, hör auf zu klopfen! Ruhe bewahren.

Und dann – ich sitz' wie eine Statue,
ganz ruhig, ein leichtes Lächeln auf den Lippen,
träum' ich ihn mir herbei.
Schließe die Augen,
spüre eine leichte Berührung auf meiner Haut.
Spitze leicht die Lippen – ein Schmetterling
hat MICH zum Landeplatz erkoren!
Ach, könnt' ich Dich nur für immer an mich fesseln!

Zu zärtlich ist Deine Berührung,
wie ersehne ich Deinen Kuss!

Und doch – nur neugierig,
was die andere Blüte bietet,
ganz und gar nicht liebreizend,
ich würd' fast sagen:
ein bißchen gemein – fliegt er davon.

Lässt mich allein sitzen,
mit meinen Träumen, meiner Hoffnung.

Und doch:
was für ein Gefühl, die Auserwählte zu sein –
und sei es nur für einen Augenblick!

Aber – ach, was kann ich erwarten.
Du hast mir nie etwas versprochen.
Nicht einmal sicher sein kann ich,
daß Du mich nicht belügst.
Keine Erwartungen, keine Ansprüche.
Nicht einmal die Hoffnung auf ein „dich sehen"...

Genauso wie ich warte,
daß ein Schmetterling mich erwählt,
so warte ich geduldig
auf den Tag, an dem ich verstehe.
Warte darauf, daß Du MICH verstehst
und mich vielleicht
für einen kurzen Augenblick erwählst, mich liebst.

Und ich verspreche, ich werde nicht traurig sein,
wenn Du dann wieder weiterfliegst,
als wäre nichts geschehen.
Ich werde glücklich sein, Dich zu kennen,
Dich gekannt zu haben.

Blutrot

steigt die Sonne
aus dem grauen Meer des Nebels

Einsame Häuser
unbeleuchtet
einsame Menschen
unsichtbar

Der Nebel verwirrt mich:
ist es der rechte Weg?
Ins Glück, ins Leben?
In Trauer oder Gleichgültigkeit?

            Niemand weiß die Antwort

            Schweigend
            umhüllt mich zärtlich
            das graue Meer des Nebels

Das Meer

Eine Fläche voll Wasser
vom Mond angezogen
von Menschen geliebt
und verflucht.

Auslöser einer Sehnsucht
die ich nur selten empfand.
Spiegel meiner Seele,
tausend Lichter
wie widergespiegelt.

So riesig und doch so zärtlich;
gewaltig, aber nicht furchteinflößend,
nicht tot, obwohl schwarz.

einfach wunderschön

Schwarze Gedanken

nackt in der Kälte
einer lustlosen Nacht.

Die Hülle um meinen Geist
gibt meinen Geist langsam auf,
verändert sich rapide,
und schlampige Faulheit siegt.

Die guten Vorsätze,
erfüllt mit Musik und Licht,
enden als langweilige Erinnerung.
Und die schleichende Trauer
weicht einer Wut
und Trostlosigkeit.

Selbstgespräche, Gedanken daran,
werden zur Gerichtsverhandlung
in der meine Seele zum Opfer wird,
und den Prozeß nicht gewinnt.

Zurück bleibt mein Geist.
Ruhelos und nackt
in der Kälte einer lustlosen Nacht.

Ultimo

Wenn ich denn einst
meinen letzten Atemzug tu',
seid bitte nicht traurig.

Ich werde nicht da sein,
um Euch trösten zu können.
Ihr braucht Eure Kraft
für die, die noch leben!

Übergebt meine Asche
dem Wind, damit
meine Seele weitergehen kann.
Sperrt meinen Geist nicht ein
in eine Kiste unter der Erde!

Und wenn Ihr
mir nahe sein wollt,
geht an einen Platz,
wo ich gerne bin.
Nehmt etwas in Eure Hand,
das ich liebe.

Und ich
werde bei Euch sein...

Ode an einen Bahnsteig

Oh Bahnsteig,
der du in der Sonne liegst!
Asphalt, weiße Streifen.
Eben nur ein Bahnsteig.

Eine Kette aus Kunststoff
weht in einem lauen Lüftchen
leis' hin und her, hin und her,
dahinter ein Zug, mit Holz beladen.

Dich sah ich an so vielen Tagen!
Mit Schnee bedeckt,
die Luft eiskalt,
die Hoffnung erfroren.

Im Regen stand ich hier,
glücklich, dir zu entrinnen.
Stadt und die Menschen
hinter mir zu lassen.

Irgendwann das frische Grün
an den Bäumen.
Blüten, süßer Duft,
Lust am Leben.

Doch nie sah ich dich
wie heute.
Nie empfand ich
so wie jetzt.

Nicht länger mehr
ein Ort
von Ankunft und Abfahrt –
ohne Gedanken, ohne Gefühl.

Lampen tauchen dich
in blaßrosa Nebel
der Zug entläßt mich
in die kühle Nacht.

Und dann bist du plötzlich
ein Ort, der Hoffnung verspricht.
Lust am Leben. Liebe.
Die Vorfreude auf das Besondere.

Am Abend danach
stehe ich wieder hier
Abschied umnebelt mein Herz
ein letztes Mal noch küssen, umarmen.

Und dann entreißt man
mich meinem Liebsten.
Ich steig' in den Zug
und fahre davon.

Oh Bahnsteig,
der du in meinem Städtchen bist!
Nicht nur Asphalt und wehende Kette,
eben nicht nur ein Bahnsteig!